しりたいな 全国の まちづくり

岡田知弘
Okada Tomohiro
監修

3

地域経済とまちづくり

かもがわ出版

はじめに

　太平洋戦争後、新しい日本国憲法のもとで生まれ変わった日本は、「高度経済成長」というめざましい経済の発展のなかで人口を増やし、アメリカについで２番めに豊かな国となりました。人びとは、お金の集中する都市へとあつまり、豊かさを追い求めていきました。

　そのため、農村では地域をささえる生業である農業や林業の後継者がいなくなっていきました。また、地方の産業の担い手は都市に本社がある大企業にとってかわられ、地方のお金が大都市へと流れ出ていく仕組みになっていきます。

　やがて、成長をつづけていた経済も頭打ちとなります。日本の経済成長率は1990年代なかばから横ばいとなり、高齢化、少子化も進み、2011年から人口が減少に転じました。

　それらの影響はまず地方にあらわれ、都市部にも広がっています。どの地域もこれからはますます厳しい時代になるといわれています。

　しかし、そんななかにあって、全国の地方自治体（地方公共団体）や地域住民が知恵を出し合い、人びとのつながりを活かしながら、地域の課題に挑戦しています。住民自身が地域のあり方を考え、課題を解決することを、**地方自治**といいます。日本という国は、全国の小さな地域があつまって成り立っています。つまり、時代の転換期を乗り越えるため、地方自治の力がとても重要になっているのです。

　この本では、地方自治の力を活かしたキラっと輝くまちづくりの事例を集めました。この本を読んだあなたも、自分の暮らす地域に目をむけ、もっと暮らしやすい地域にするためにどんなことができるのか、考えてくれればうれしいです。

　それが、新しい時代を切り拓く力になるはずです。

しりたいな　全国のまちづくり
地域経済とまちづくり

もくじ

1 農業（のうぎょう）とまちづくり

日本の農業は米を中心にして発展してきました。しかし、グローバル化（か）がすすみ、農産物（のうさんぶつ）の輸入自由化（ゆにゅうじゆうか）がおこなわれ、日本の農業はきびしい状況（じょうきょう）が続（つづ）いています。

➡ 日本（にほん）の農業（のうぎょう）のこれまで

　太平洋戦争（たいへいようせんそう）によって深刻（しんこく）な食料危機（しょくりょうきき）におちいっていた日本（にほん）は、戦後（せんご）、農業（のうぎょう）を安定（あんてい）させて国民（こくみん）に食料（しょくりょう）を行き渡（わた）らせようと、農地（のうち）の改革（かいかく）に力（ちから）をいれました。それまで、大地主（おおじぬし）が小作人（こさくにん）を使（つか）っておこなっていた農業（のうぎょう）を変（か）えるため、土地（とち）を小分（こわ）けにして小作農家（こさくのうか）に分配（ぶんぱい）し、それぞれの農家（のうか）が意欲的（いよくてき）に働（はたら）けるように農地改革（のうちかいかく）をおこなったのです。

　こうした農地改革（のうちかいかく）や農業技術（のうぎょうぎじゅつ）の進歩（しんぽ）もあって、米（こめ）を中心（ちゅうしん）に日本の農業生産量（にほんののうぎょうせいさんりょう）はどんどん増（ふ）えていきました。一方（いっぽう）で、人（ひと）びとの生活（せいかつ）も時代（じだい）に応（おう）じて変化（へんか）し、小麦（むぎ）の輸入（ゆにゅう）によるパン食（しょく）の普及（ふきゅう）などで米（こめ）の消費量（しょうひりょう）は減（へ）っていきました。その結果（けっか）、消費（しょうひ）する米（こめ）よりも作（つく）られる米（こめ）が多（おお）くなり、米（こめ）の価格（かかく）は下（さ）がってしまいました。農家（のうか）の収入（しゅうにゅう）は減（へ）り、高度経済成長（こうどけいざいせいちょう）によって収入（しゅうにゅう）が増（ふ）える都市部（としぶ）の人（ひと）たちとの格差（かくさ）が問題（もんだい）になっていきました。

　この問題（もんだい）を解決（かいけつ）するために、国（くに）は農家（のうか）が米（こめ）を作（つく）りすぎないように米（こめ）の生産（せいさん）を規制（きせい）する「減反政策（げんたんせいさく）」をおこ

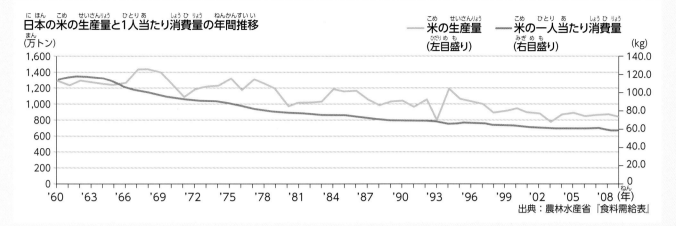

日本の米の生産量と1人当たり消費量の年間推移

（万トン）

— 米の生産量（左目盛り）　— 米の一人当たり消費量（右目盛り）

1,600		140.0
1,400		120.0
1,200		100.0
1,000		80.0
800		60.0
600		40.0
400		20.0
200		0

'60 '63 '66 '69 '72 '75 '78 '81 '84 '87 '90 '93 '96 '99 '02 '05 '08（年）

出典：農林水産省『食料需給表』

ないました。その代わりに農家には補助金をだし、収入が安定するようにしました。

→ グローバル化のなかの農業

一方、世界ではグローバル化が進んでいきました。グローバル化とは、国境を超えて商品の行き来が活発になり、地球規模で商売がおこなわれることです。

農産物もグローバル化の波にさらされます。アメリカなどが自国の農産物を日本に売りたいと考え、それまで規制されていた農産物の輸入の自由化をせまってきたのです。こうした外国からの圧力で、牛肉や豚肉、果物や小麦などの外国産品の輸入が自由化されてきました。その結果、日本の食料自給率は38％（2018

▲スーパーで食品の産地を調べると、いろいろな国の名前がみつかるでしょう。

年）という低い水準になっています。

現在、国は日本の農産物が海外の農産物に負けないよう、競争に強い農業を目指しています。そのために、減反政策と農家への補助金をやめ、大規模農業に転換することで農業の効率化をはかろうとしています。

しかし、日本の農家の98％は家族で農業を営む小規模農家です。農家は、単に農産物を栽培するだけでなく、地域の祭りや行事を担い、人びとのつながりをつくります。また、地域の河川や里山などの自然を守り、災害を防止する役割も担っています。こうした役割を無視して農業の効率化だけを目指すことで、地域に悪い影響がでることが懸念されています。

→ 農業の担い手をどう増やす？

もうひとつ、日本の農業の大きな課題となっているのが、担い手不足です。日本の農業就業者は1965年には1100万人以上いましたが、2015年にはわずか200万人にまで減っています。農業をしていた人たちが高齢化し、農業を継承してくれる人がいないため、使われない農地が増えています（休耕田）。

日本の地方には、農業を主産業としているところも多くあります。そうしたまちにとって、農業を元気にすることはまちを元気にすることと直結します。持続可能な農業のあり方がそれぞれの地域で模索されています。

馬路村 2
高知県

村のゆずを加工品にして、年商30億円

ゆずを収穫する村人。

高知県

馬路村

人口：約900人

平地がなく、農業にむかない村で、産業を起こすにはどうすればいいだろう？

→ 平地がほとんどない、林業の村で

　岡山駅から特急電車に乗って高知県東部の安田町へ。そこからバスで40分山道を走ったところに、馬路村はあります。安田川に並行して通る県道は、車1台が通るのがやっとの幅。川と山の間には、わずかな平地しかありません。村のじつに96％は森林なのです。

　馬路村は江戸時代から魚梁瀬杉という杉が有名で、林業で栄えてきました。しかし、戦後、木造住宅からコンクリートの住宅にかわり、材木はどんどん売れなくなっていきます。林業が主産業だった村は、大打撃を受けました。

→ 代わりになる産業は？

　このままでは、村に仕事がなくなり、人が住めなくなります。村人や農業協同組合（農協※）の職員、村役場の人たちは新たな産業を起こすために知恵をしぼ

りました。

　村にはわずかな平地しかなく、大きな田んぼや畑はありません。特産品というほどの農作物をつくることはできませんが、強いて言うならば、ゆずの木があちこちにありました。

　温暖な気候をいかし、四国の各地ではゆずの栽培がさかんです。ゆずは、800年前、平安時代に平家の落人※がその種を持ち込んだことで、四国にひろまったという伝説が残されています。昔から家の庭で栽培されたり、山に自生したりして、馬路村になじみのある果実でした。小さな木立にたくさんの実をつけるゆずは、村でも重宝されたのです。

※農協──農家の人たちが、農業や自分たちの生活をよくするために集まってつくった組合のこと（シリーズ1参照）。

※平家の落人──平安時代末期に平家と源氏が争った内乱（治承・寿永の乱）で、戦に負けて逃げのびた平家の公家や武士のことを言います。

→ ゆずの栽培をはじめたものの……

　このゆずを村の産業にできないだろうか——？　村の人たちは林業に代わり、ゆずの栽培を本格的にはじめ、青果として出荷しはじめました。

　しかし、多くの農家は兼業農家※で、本業が休みの週末にしか農作業ができません。村のあちこちに点在する農地を週末の限られた時間で手入れすることはむずかしく、ゆずの収穫量を増やすことは不可能でした。そのため、少ない収穫で、いかにたくさんの儲けをだすかが課題でした。

　また、ゆずは黒点病という病気になりやすく、菌がつくと皮に黒い斑点ができ、中身に問題はなくても見栄えの悪さから青果としては売り物にならなくなります。

※兼業農家——他の仕事とかけもちで農業をする農家のこと。

→ 加工品にして売り出そう

　ゆずを村の産業にするためにはどうしたらよいでしょう。村の人たちは、ゆずを青果ではなく、加工品にして販売することにしました。加工品にすれば、付加価値※をつけて高く売ることができ、多少見栄えの悪いゆずでも、気にせず使うことができます。

　ゆずの果汁をしぼり「ぽん酢しょうゆ」やゆず果汁とはちみつをつかった飲料水「ごっくん馬路村」などの商品をつくり、販売をはじめました。村からの応援を得た農協が、村のなかで、村でとれたゆずを使って製品をつくったのです。昭和のおわりごろのことでした。

※付加価値——ひと手間加えることで、付け加えられた価値。

→ 「村」をアピールした商品づくり

　馬路村の商品は、はじめはスーパーや百貨店の物産展で販売されていました。しかし、お店を通して売ると、手数料や出店料がかかります。収穫量の少ないゆずをできるだけ高く売るためには、お店を通さずに直接お客さんに売る必要がありました。そこで、通信販売（通販※）をはじめることにしました。百貨店やスーパーで馬路村の商品を知った人たちが通販を利用するようになり、お客さんはどんどん増えていきました。現在では、村は10万人ほどのお客さんとつながっています。

　なぜこれほど、馬路村の商品は人気になったのでしょうか？

　人口1000人に満たない馬路村は、同じ高知県内でも知らない人がいるほど、知名度の低い自治体でした。その「小さくて知られていない」村のイメージを利用したのです。市町村合併で全国から「村」が消えていくなかで、「日本にはまだ、こんなに元気な村がある」ということを商品を通してアピー

村でつくられるゆず商品の数々。

通販で受けた注文を発送する農協職員。

ルすることで、日本の原風景をなつかしく思い、小さな田舎を応援したい、と思う人たちの心を動かしたのです。

　商品が売れることで馬路村のことを知ってもらい、馬路村のファンが増え、さらに商品を買ってもらう……という相乗効果が生まれていきました。

※通信販売（通販）──お店を持たずに、お客さんにカタログを配布し直接注文を受けて商品を送る販売方法のこと。インターネットが普及したことにより、インターネットを通して販売する「ネット通販」が主流になりつつある。

→ 新しい雇用をつくる

　ゆず加工品は、年間30億円以上売れています。こ

の収入は、村に新しい雇用もつくりだしています。現在、村にあるゆずにかかわる施設は、工場が3つ、搾汁場（ゆずをしぼる工場）が1つ、直売所が1つ、搾汁場からでた残渣を処理する堆肥センターが1つです。こうした施設で働く村人は、90名を超えています。

　工場を村の外につくれば、輸送にかかるお金などを節約することができるでしょう。しかし、あえて村に工場をつくることで、村のなかに仕事をつくり、村の未来のためにどのようなを商品が必要なのか、村人がみずから考えることができるのです。

→ 商品の開発も村のなかで

　ぽん酢しょうゆや「ごっくん馬路村」だけが馬路村の商品ではありません。その他にも、ゆず茶やゆず胡椒、ゆずをつかったドレッシングやゼリーなど、じつに70種類以上の加工品がつくられています。最近では、これまで捨てていたゆずの皮や種からも商品をつくれないか研究し、化粧品も開発されています。捨てる部分が少ないほど、ゆず1つから得られる収入も多くなります。

　商品を開発するためには、多くの研究費がかかります。しかし、開発も村の外の人にたよらずに村の中で

馬路村を宣伝するための工夫

● 商品と一緒に村の新聞をいれています（写真）。
● ダンボール箱には素朴なイラストをいれ、村らしさを伝えます。
● ダンボールの荷詰めは、田舎のお母さんが仕送りをしてくれるように、ぎゅうぎゅう詰めにする工夫をしています。
● 特別村民を募集しています。特別村民になると、馬路村の村長室で、村長といっしょに「ごっくん」が飲めます。

村の生活がわかる情報を商品と一緒に送ることで、商品のおいしさだけでない「感動」を届けています。

おこなうことで、ノウハウ※がたくわえられます。たとえば将来、村でゆず以外の農作物をつくるようなことがあれば、このノウハウをつかって新しい商品をつくることができます。

開発した化粧品。

工場さえ村にあればよい、というわけでなく、商品をつくる力が村にあることで、時代が変わっても、その時代に応じた生き残りをはかることができるのです。

いまでは、馬路村の村づくりに賛同して村に移住してくる人たちも少なくありません。また、商品を通して馬路村を好きになった人たちや、馬路村の取り組みを勉強したい人たちなど、村をおとずれる人は年間約6万人にものぼります。

たくさんの村の外の人たちに応援され、馬路村の人たちは今日も元気に働いています。

※ノウハウ──経営や技術などに関する知識・経験の情報のこと。

🔍 もっとしりたい

安定した収入を守るために

現在、馬路村の人口は900人ほどで、350世帯ほどあります。その3分の2がゆずの栽培にたずさわっています。

村のゆず産業を育てるために、村の農協ではさまざまな努力をしています。たとえば、農家で収穫されたゆずは、すべて決まった価格でかならず買い取られるようになっています。ふつうは収穫が多いときには価格が下がり、すべてを買い取ってもらうことも困難です。しかし、村ではゆず栽培を続けてもらうために、つねに安定した価格でゆずを買い取るのです。こうすることで、村の農家は安心してゆずの栽培をすることができます。

まちづくりのポイント

● 商品といっしょに馬路村をPRすることで、応援してくれるファンを増やした。

● 加工や商品開発を村の中でおこなうことで、ノウハウを蓄積できた。

農業体験を通して、農業のファンを増やそう

消費者に農業のことを知ってもらい、農業を応援してくれる人を増やすには？

三重県

伊賀市

人口：約9万1000人

→ 農業を体験できる牧場

「わー！ でたー！」「あったかい！」。乳牛を囲んだ子どもたちは、はじめて体験する乳しぼりに歓声をあげます。

ここは、三重県伊賀市にある「伊賀の里モクモク手づくりファーム」（以下、モクモクファーム）。ファームとは牧場のこと。ひろい敷地内にはハムやウィンナー、パンづくりが体験できる工房や、農家から直接仕入れた肉や野菜をつかったレストラン、ヤギやブタと触れ合える広場などがあります。乳搾りを体験する子どもたちは、出産後の牛だけが乳をだすことや1日15リットルの乳をだすことなど、食卓に運ばれるまでの牛乳について学ぶことができます。

→ 消費者と生産者をつなぐ場

モクモクファームのパンフレットにはこう書いてあります。「モクモクは『食と農業のあり方』を見つめ直していただく食農学習の場です」。

ふだんスーパーマーケットにならぶ食材を買うだけでは、それがどのようにつくられたか、わかりません。モクモクファームでは、乳搾りやウィンナー作りなどの体験を通して食べ物や農業の知識を身につけ、その大切さを知ることができます。農家のこだわりを知り、「この農業を応援したい」とファンになる人がたくさんいます。こうしたお客さんが、全国から毎年50万人もモクモクファームを訪れています。

→ 豚肉の輸入自由化で、町の養豚がピンチ

もともと、モクモクファームは阿山町（合併して、今は伊賀市）の小さなハム工房として誕生しました。

阿山町は三重県の西南部に位置し、山に囲まれた人口8000人ほどの町でした。町では養豚がおこなわれていましたが、1971年、それまで規制されていた豚肉の輸入がはじまり、外国産の安い豚肉が出回るようになりました。国内の養豚業者は、きびしい競争を強いられることになったのです。

三重県の農協で働いていた木村修さんと吉田修さんは、地域の養豚業者を守るためになにができるか、考えました。値段を安くする競争をしても、輸入ブタには勝てません。そこで、目をつけたのがハムやソーセージなどの加工品でした。

お中元やお歳暮※など、贈答品（お世話になった人へのプレゼントのこと）にハムやソーセージは人気で、数千円から数万円という高い値段で売られていたのです。豚肉を加工品にして付加価値をつけることで、生産者に返ってくるお金も増やせます。こうして、地域の養豚業者16人とお金をだしあい、「モクモクハウス」というハム工房をはじめました。1988年のことでした。

※お中元・お歳暮──日ごろお世話になっている目上の人などへの贈り物。お中元は8月ごろ、お歳暮は12月ごろに贈られます。

ハム工房「モクモクハウス」。

→ 消費者と生産者の距離を近づける

しかし、当初は思ったほどハムは売れませんでした。ところが、近所の主婦から「手作りウィンナー教室を開いてほしい」とお願いされ、教室を開いたところ、大盛況に。教室では、たんに作り方を教えるだけではなく、生産者の養豚へのこだわりや、食の安全に対する思いをお客さんに説明していました。それが共感を呼んだのです。ウィンナー教室の反響はひろがり、半年先まで予約がいっぱいになるほどになりました。同時に、ハムも売れるようになっていきました。

大阪や名古屋などの大都市からわざわざウィンナーをつくりにやってくる人も多く、都会に暮らす人たちが田舎での手作り体験を求めていることがわかりました。

また、お客さんは、単にできあがったものを食べるのではなく、作り手のこだわりやつくる工程までみて感じて商品を買いたいと思っていることもわかったのです。

それならば、農業や食について知ってもらい、何度も来たくなるような場所をつくってはどうだろう、そこで農産物や加工品を売れば、地域の農業も活気づくのでは……――こうして、モクモクファームがつくられました。

現在、モクモクファームでは自分たちでつくる農作物のほか、地元の三重県や滋賀県、奈良県などの約200軒の農家と契約して農作物を仕入れ、加工し、売っています。その売り上げは、年間50億円にもなります。

→ 地域の農業を元気に

モクモクファームでは、ほかにもいろいろな形で地域の農業を元気にしています。

たとえば、モクモクファームでは地ビール※の生産もおこなっています。ビールの原料は大麦ですが、近隣では栽培されていませんでした。地産地消のビールにするため、地域の農家にお願いして大麦をつくってもらっています。こうして、農家の新しい仕事を増やしています。

また、伊賀には「鞍田2号」という、通常の2倍の大

🔍 もっとしりたい

農業を応援する5万世帯の会員

モクモクファームでは、会員制の通信販売もおこなっています。会員になった人には、年4回商品カタログを送ります。おすすめの商品だけでなく、生産者のこだわりを紹介し、返信用封筒をつけることで、会員の意見を聞けるようにしています。会員は年々ふえ、現在5万世帯が入会し、モクモクファームを通して農業を応援しています。

モクモクファームでつくられている地ビール。

モクモクファームはビュッフェ形式のレストランも運営しています。ビュッフェとは、並べられた料理から自由に食べたいものを取り分けて食べる形式のことです。ここにも農業を支えるしくみがあります。たとえば、豊作でキャベツがあまっているときなどは、ビュッフェでキャベツを使ったメニューを増やし、農家のキャベツの売れ残りを減らすことができます。

きさでしっかりした甘みのある在来種※の大豆があります。しかし、この大豆づくりを継承する農家がおらず、消滅の危機にありました。そこで、モクモクファームでは豆腐工房をつくり、この大豆をつかった豆腐を生産・販売することで、在来種大豆を守っています。

※地ビール——1994年に法律が変わり、それまで最低2000キロリットル以上つくらなければビールの生産が認められていなかったものが、60キロリットルに引き下げられました。各地でつくられる生産量の少ないビールを「地ビール」といいます。
※在来種——その地域に古くからある生き物の種類。

→ 第6次産業——生産から販売まで

モクモクファームは、「地域の農家がつくったものを、農家が求める値段でお客さんに届ける」ことを目

標にはじまりました。そのために、農作物を加工品にしたり、レストランで直接食べてもらうなど工夫してきました。

農産物をつくることを1次産業、加工品をつくることを2次産業、レストランや通販などで消費者にとどけるサービスを3次産業といいます。モクモクファームは1次産業、2次産業、3次産業をくみあわせて成功したことで、それらをかけあわせた「第6次産業」の成功事例と言われています。

また、農業を体験し、知ってもらうことで農業を身近に感じてもらい、消費者に農業を応援してもらうために活動しています。農業のファンが増えることは、長い目でみたとき、農業を守ることにつながっていくのです。農業と消費者をつなげる挑戦は、これからもつづきます。

まちづくりのポイント

● ウィンナーづくりなどの体験を通して、食や農業について学べる場をつくった。

● つくった農産物を自分たちで加工し販売することで、農業を応援するしくみをつくった。

① 観光とまちづくり

インターネットの普及で、観光のありかたが大きく変わってきています。多様化する観光客の好みに合わせたとりくみをすることで地域を活性化しようと、多くの自治体が知恵をしぼっています。

➡ 観光客が多いと、地域がうるおう

観光とは、休日などにふだん生活している場所を離れて過ごすことです。家族でテーマパークにでかけたり、知らない土地の神社仏閣や温泉にいくなど経験したことがありませんか？　そうした旅行、レジャー、レクリエーションなどが観光です。小学生なら、修学旅行に行きますが、これも立派な観光ですね。

観光客がおとずれることで、地域にはさまざまな良いことがあります。観光地のツアーをおこなう旅行業や観光客を運ぶ交通業、ホテルや旅館などの宿泊業など、観光客が多いほどうるおいます。それだけではなく、観光客に食べ物を提供する農家や漁業関係者にもお金が行き渡ります。観光客が多く訪れると、その分仕事が増え、新しい雇用も生まれます。

経済的な効果ばかりではありません。いま、日本は人口減少の時代になっています。地方にいくほど、人口減少はすすんでいます。そこに観光という形で外部の人たちが訪れることで、新しい知恵やアイデアがもたらされることがあります。観光には、地域を元気にする力があるのです。

➡ これまでの観光とこれからの観光

20世紀は、これまでになく観光する人が増えた時代でした。鉄道や道路の整備、航空機の進化などで、遠くへ行きやすくなったためです。また、旅行会社が手ごろな価格で旅行ができるように旅行を商品化した

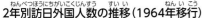

増える日本を訪れる外国人

2年別訪日外国人数の推移（1964年移行）

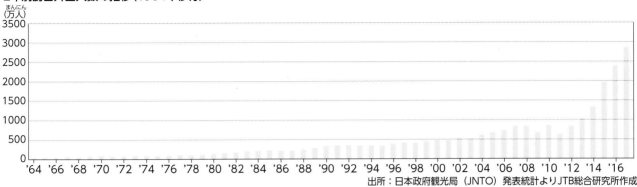

出所：日本政府観光局（JNTO）発表統計よりJTB総合研究所作成

ことで、多くの人が旅行できるようになりました。大勢の人がいっせいに参加する団体旅行もさかんにおこなわれました。こうした観光のかたちを「マスツーリズム」といいます。

マスツーリズムから多様な観光へ

現在、インターネットの発達によって、旅行会社を通さずにお客さんが直接旅行の手配をできるようになりました。また、旅行会社が宣伝しなくても、SNSなどで観光地の情報が手に入るようになりました。そのため、人びとは自分が行きたい観光地にこれまで以上にでかけやすくなり、観光のかたちも団体旅行から個人旅行に変わってきています。観光のかたちが多様になり、それに合わせて観光地でも、その土地にしかない体験をどうアピールするのかが課題になっています。地域をあげてまちの魅力を発信し、観光客を呼び込むまちづくりがおこなわれています。

オーバーツーリズム

経済が成熟した欧米を中心に、「もの」にお金をかけること以上に「体験」にお金をかけることが多くなっています。つまり、観光にお金をかける人が増えています。また、アジア地域の経済成長にともなって、豊かになったアジア地域の人たちがたくさん日本に観光に訪れるようになりました。

こうした影響で、「オーバーツーリズム」が世界や日本の観光地で問題になっています。オーバーツーリズムとは、街が受け入れきれないほどの観光客が押し寄せ、そこに暮らす人たちの生活に悪い影響がでていることをいいます。交通渋滞や観光客のマナーの問題などが挙げられます。観光と生活をどう折り合わせるのかも、観光とまちづくりを考える上で欠かせない視点です。

日本で一番美しい星空で、村おこし

阿智村 2 長野県

なんのへんてつもない温泉地。どうやって魅力的な観光地にする？

長野県

阿智村

人口：約6200人

→ 夏場のスキー場が大にぎわい

　長野県南部にある阿智村は、人口約6200人の小さな村です。この村のスキー場に、全国から年間14万人ものお客さんが訪れます。お目当ては「星空」。阿智村は、2006年に環境省から「全国で最も明るく星の観察ができる場所」に選ばれるほど、美しい星空を見ることができます。この「星空」を観光資源※にして、使われていない夏場のスキー場で開催する「日本一の星空ツアー」が人気を呼んでいるのです。

※観光資源──観光や余暇を楽しむための元になる物や事。温泉、神社仏閣、美術館、季節の花、お祭り、伝統産業など、さまざまな物・事が観光資源として挙げられます。

→ 村の温泉を盛り上げたい

　村には、「昼神温泉」という温泉街があります。1970年代に湧き出たこの温泉には、名古屋など中部圏から癒しを求めて、たくさんのお客さんがやってきました。しかし、全国に多くの温泉地があるなかで、昼

神温泉にしかない独自の魅力を打ち出すことができていませんでした。ほかの温泉地とお客さんをとりあうなかで、昼神温泉の来客者数は年々減っていきました。

「このままでは、昼神温泉にくるお客さんがいなくなってしまう」──観光業を中心にして成り立っていた村にとって、それは死活問題でした。危機感を抱いた旅館従業員の松下仁さんは、仲間といっしょに阿智村にしかない、お客さんに喜んでもらえる村の魅力をさがしました。いろいろな人から村の魅力を聞きだすなかで、「スキー場から見える星空が、村人でもおどろくほど美しい」という話しを聞きます。街灯などの灯りが届かない山の上は、ひときわ星が明るく見えるのです。

さらに調べてみると、環境省から「日本一美しい星空」が見える村として、2006年にお墨付きをもらっていたこともわかりました。

「この星空を活かして、観光客を呼び込もう」。松下さんたちは動き出しました。

➡ 若い人に大人気に

村に唯一あるスキー場「ヘブンスそのはら」は、標高1400メートルの山の上にあり、1980年代末のスキーブームにのって開業されました。しかし、ブームが去ったあとは客足が遠のき、赤字に苦しんでいました。雪のない時期、このスキー場を天体観測の会場にすれば、ゴンドラの乗車やスキー場での飲食でお客さ

んがお金を使います。また、星を見るために温泉旅館に宿泊するお客さんも増えます。こうして考え出されたのが、「日本一の星空ツアー」（以下、星空ツアー）でした。

星空ツアーでは、まずゴンドラで標高1400メートルのスキー場まで登ります。青い光にライトアップされたゴンドラは、さながら宇宙ステーションにむかう宇宙船のようです。15分かけて山頂に到着すると、はじめ、会場はサーチライトでこうこうと照らされ、星は見えません。

「では、消灯します！　3、2、1……」

星空ツアーのスタッフが合図しサーチライトが消えた瞬間、空一面に見たことのないような星空がひろがり、お客さんの歓声が山頂いっぱいにひびきます。なかには感動して泣き出す人もいます。

そして、星座にむけてレーザーポインターを指しながら、「星空ガイド」と呼ばれる案内人が星座の説明をはじめます。これらのしかけが、とくに都会の若い女性の人気となり、昼神温泉にはこれまで途絶えていた若い観光客が来るようになったのです。

→ 人口減少の歯止めにも

星空ツアーはSNSなどを通じて人気が広がり、2012年にはじめたときは6500人ほどだったお客さんが、2018年には14万人にまで増えました。同時に、昼神温泉に宿泊するお客さんも増え、温泉街は活気を取りもどしました。

それだけではなく、村には新しい働き口も増えました。星空ツアーをおこなうためには、ゴンドラの運行や星空ガイド、受付などの事務仕事が必要です。お客さんが増えたことで、こうした仕事をする人手が必要になったのです。また、宿泊客が増えたことで、旅館でも新しい雇用が生まれていました。

その結果、働く場所をもとめて村から出ざるをえなかった若い人が、阿智村に残れるようになりました。また、農業がしたくて阿智村に移住してきた人も、農業が軌道に乗るまでのあいだ、夜は星空ツアーでアルバイトをし、生活を支えられるようになりました。

村の課題であった人口減少に、星空ツアーの成功が歯止めをかけたのです。

→ さまざまな企業とともに

「日本一の星の村」として有名になったことで、村はたくさんの企業とのコラボレーションもしています。

自動車メーカー「株式会社SUBARU」とのコラボレーションでは、SUBARUの車に乗る人を阿智村に招待する企画がおこなわれています。SUBARUという社名は星にちなんでいます。日本一の星空の村にSUBARUのお客さんを招待することで、より会社のことを好きになってもらおう……というわけです。阿智村では40社以上の企業とこうした企画を手掛けることで、村の知名度をさらに高めています。

→ 村人の手による星空ツアー

これらの星空ツアーのアイデアは、松下さんら村の人たちの手によって作り出され、実現されています。じつは、このこともとても大切です。

おおがかりで経験のないイベントを成功させるため、地域外の広告代理店※やイベント会社にお金をは

🔍 もっとしりたい

スターコインで村ごと「スタービレッジ」に

村では、「スターコイン」という500円相当の買い物ができる地域通貨が使われています。旅館がサービスとしてスターコインを宿泊客にわたし、村の商店で使ってもらうことがねらいです。スターコインを使うことができるお店に、星にちなんだ商品を販売してもらうことで、村全体を「星の村」として盛り上げることができるのです。

らい、すべておまかせする……ということが、まちづくりの現場ではよく見られます。こうした会社は、全国で多くのイベントを手掛けているので、大きな失敗をすることはないからです。

しかし、村に愛着をもって、将来どんな村になってほしいのか、村になにを残していきたいのか、真剣に考えられるのは村の人だけです。外部の会社では、そこまでの責任をもてません。そのため、星空ツアーは村人の手によって運営され、旅館や農家、林業者など村の人たちの生活全般に役立つように考えられています。

「星空ツアーをずっと続けられるようなしくみを、

阿智観光局のとなりにあるカフェも、宇宙をイメージしたデザインになっています。

いま考えているところです」。松下さんたちの視線は、村の未来に続きます。

※広告代理店—広告をおこなう会社のこと。商品を宣伝するため、新聞やテレビ、インターネットなどの広告をつくります。ほかにも、イベントを企画してお客さんを集めるなど、さまざまな方法で宣伝をしています。

🔍 もっとしりたい

阿智村の「村づくり委員会」

阿智村では、この「星空ツアー」ができる以前から、「村づくり委員会」という仕組みがありました。「村をよくするために、こんなことがしてみたい」という村人が数人集まれば、村がその実現のためにお金をだしてくれる制度です。この制度をきっかけに、図書館や障害者施設が整備された歴史があります。

住民の行動を後押しする村の姿勢は、その後、星空ツアーの立ちあげのときにも役立ちました。

まちづくりのポイント

● 「星空」という村の魅力に気づき、他の温泉地とのちがいを生み出した。

● スキー場をつかったツアーをおこなうことで、「星空」を商品にすることができた。

● 村のなかで観光の企画をつくり、ノウハウを村に蓄積した。

大分県

由布市

人口：約3万4000人

魅力的な観光地にするために、どんな
工夫が必要だろう？

→ まちぐるみの観光地づくり

福岡空港からJR「ゆふいんの森」号で約2時間、活火山でもあるおおらかな形の由布岳のふもとに広がる温泉地・由布院。今は合併し、由布市湯布院町にあります。最近は外国人観光客も増え、さまざまな観光地ランキングでつねに上位にランクされる人気を誇ります。これは、経済の動きや自然災害など、いくつもの危機をのりこえて市民の力でつくってきたものです。

ゆ 由布院人気の理由

♨ 景色が美しい（湯の坪街道、由布岳、金鱗湖など）
♨ コバルトブルーの温泉
♨ 大きなホテルや派手な観光施設ではない、小さな宿とおいしい料理
♨ 街の雑貨屋さんなどがかわいい

由布市の観光客数 （2018年）

日帰り　　約344万人

宿泊　　　約98万人

合計　　約442万人

由布院への観光客は日帰り客を中心に増加

（由布市観光動態調査）

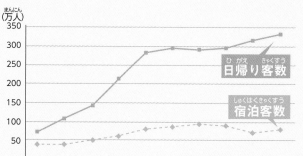

（万人）

日帰り客数

宿泊客数

図　由布院の観光客数の推移（1970年から2005年までは湯布院町としてのデータ、2010年および2015年は由布院市としてのデータ。
出典：『由布市観光動態調査』より作成）

出典『由布院モデル』（大澤健・米田誠司著、学芸出版社、2019年）

→ 由布院の自然をゴルフ開発から守ろう

由布院は1959年に国から「国民保養温泉地」に指定されています。温泉の質と自然環境が守られ、歓楽街でない健康的な温泉地だけが指定されるものです。ところが日本が経済的に大きく成長した1970年、由布院でもゴルフ場建設の計画が持ち上がり、ほかの大きな観光温泉地と同じようになってしまう危機に直面しました。「この美しい花たちを守らにゃ」と、市民は「由布院の自然を守る会」をつくり、反対運動を展開。ついに建設は中止になりました。

→ 由布院らしさってなんだろう

この経験から人びとは「どうしたら由布院らしい温泉町をつくれるか」を真剣に模索し始めます。そのモデルとなる温泉保養地がヨーロッパにありました。1971年、由布院の若い旅館経営者3人が、ドイツ、オランダ、スイスなどに50日間の勉強の旅に出発します。

ドイツの温泉地バーデンヴァイラーでは、昼寝の時間に市街地への車の進入を規制していました。のんびり散策できる町並みがあり、毎日のようにコンサートやイベントが開かれるなど、静けさと緑と空間がありました。

3人はヨーロッパの温泉地のよいところを由布院に生かす構想をつくっていきます。その一つが自然と融合した町並みです。派手ではない看板や道から建物までほどよい空間のある町並みをゆっくり散策できます。お店が看板をつくるときのルールも住民が相談して決めたものです。

湯布院町時代には条例をつくって、巨大観光事業者が町に入るのを規制しました。

メインストリート「湯の坪街道」から由布岳をのぞみます。

看板をつくるにあたっての6つの心得

❶ 盆地の程よい大きさを大切にし、小振りなつくりとする

❷ ひとの尺度を中心に、細やかな配慮を心がける

❸ 周囲との調和を大切にし、控えめにつくる

❹ 通りに対して堅く閉ざさないつくり方とする

❺ まちゆく人をもてなす空間を、あちこちに用意しておく

❻ ゆふいん固有の素材感や風合いを大切にする

→ 大分県中部地震で「由布院壊滅」の風評

1975年4月、大分県中部地震が起きました。由布院の近くでもリゾートホテルの一部が倒壊しましたが、これが大きく報道されたため、由布院の全体が壊滅したかのような風評（噂）がたち、宿泊予約のキャンセルがあいつぎました。「由布院は健在だ」というところを見せないとお客さんが遠のいてしまうと、由布院の人びとは独自のイベントを考え出していきました。

辻馬車

1975年から始まった辻馬車はいまや由布院の名物です。JR由布院駅前をスタートし、佛山寺、宇奈岐日女神社を経て駅まで約50分のコースです。

牛喰い絶叫大会

毎年体育の日に並柳牧場で開催されています。豊後牛のバーベキューを食べた後、「ぼくはデブじゃない。ぽっちゃりだ」と叫ぶ子ども、「お小遣いを増やして」と叫ぶお父さん、「とうちゃん愛しているよ」と叫ぶお母さんなど、秋空に向かって思いの丈を叫びます。

湯布院映画祭、ゆふいん音楽祭

市民が手づくりで企画・運営しているイベントで、由布院を訪れる大きな魅力になっています。映画館がなかった由布院で、映画を見ようと始まった映画祭には、有名な映画監督や俳優たちも由布院に集まり、映画を見にくるお客さんとの交流を楽しんでいます。

→ 旅館どうしが切磋琢磨

由布院の温泉旅館の大きな魅力の一つがおいしい料理です。

由布院では、若手旅館経営者たちが1970年代にドイツに勉強にいったころから、旅館経営者どうしが仲がよい伝統があります。その影響で、そこで働く料理人たちも仲がいいのです。1997年に料理人たちがたがいに勉強しあう「ゆふいん料理研究会」がつくられました。競争関係にある旅館どうしは、レシピや調理技術を知られないようにするのふつうですが、この研究会では公開してみんなで学び合うのです。そうしてつくられたおいしい料理が由布院の旅館では提供されています。

→ おいしい料理は「地消地産」で

小さな旅館ならではの利点もあります。何百人もの団体客を収容する大きなホテルでは、多様な食材を大量に安定的に仕入れるには地元以外の大産地に頼らなくてはいけません。しかし小さい旅館なら、少ない材料で済みます。料理人たちは地元の農家に旅館で使う野菜をつくってほしいとお願いし、農家も努力して栽培しました。そのかわり収穫した野菜はきちんと買い取らなければいけません。そこで料理人たちのネットワークが生かされました。地元の産品を地元で消費することを地産地消といいますが、由布院では逆に消費する側から生産を依頼する地消地産の仕組みができました。

旅館の夕食が終わるころ、厨房から農家にSNSで注文が入り、農家は翌朝収穫して旅館に届けます。こうして新鮮な野菜を使った料理の提供が可能になったのです。

→ 熊本地震からの復興

2016年4月、九州は再び大きな地震に襲われました。由布院ではその復興をグループでおこない、駅前に国内外からの観光客のためのインフォメーションセンターをつくるなど、新しいまちづくりに挑戦しています。

湯布院映画祭のパーティで料理を担当する「ゆふいん料理研究会」。お店の垣根を超えて協力します。

まちづくりのポイント

● 危機をのりこえる方法をみんなで考えだした。

● 外国のいいところに学び、町に合うように取り入れた。

● 町の魅力を市民の手でつくりあげた。

① いろいろなまちづくり

ここまでさまざまなまちづくりの事例を紹介してきましたが、
ほかにも全国にはたくさんの取り組みがあります。

坂の傾斜にそって建てられた古い家屋が魅力の尾道。

**広島県
尾道市**　**空き家対策で
移住者を増やしたまち**

広島県・尾道市には明治から昭和にかけてつくられた木造家屋がたくさん残っています。しかし、高齢化が進み、空き家が多くなっていました。坂の町・尾道の斜面にならぶ、おもむきぶかい木造家屋を壊してしまうのはもったいない……と、会社員だった豊田雅子さんが空き家を買い取り、自ら改修しはじめました。そのようすをインターネットで発信すると、たくさん

の人から「私も住んでみたい」と反応がありました。そこで、町の空き家を改修し移住者に提供するプロジェクトを市の応援をえながらはじめました。この活動で、約60軒の空き家が再生され、100人以上の移住者が尾道にやってきました。

補助金にたよらず、駅前開発をおこなったまち

岩手県・紫波町の中心にあるJR紫波中央駅の前には、たくさんの人たちが集まります。芝生のしかれた広々とした広場ではバーベキューをする人たちがおり、図書館や地元産の野菜があつまる市場もあります。もともとこの広場は、ながらく空き地でした。町が駅前開発のために土地だけ準備したものの、資金のめどがつかずに放置されていたのです。「なんとかしなければ」と、地元で建築会社を営む岡崎正信さんと町内外の人たちが協力し、この駅前広場「オガールプラザ」をつくり出したのです。

通常、自治体がおこなう大きな開発は、国や県からの補助金をたよりにおこなわれます。しかし、補助金を使いきることを前提に開発をおこなうと、身の丈にあわない大きな開発になり、建てたあとに維持管理するお金がたくさんかかってしまいます。補助金に頼らず、どうやって駅前開発をおこなうか考えた岡崎さんたちは、自ら会社をつくり、資金を銀行から借りることにしました。そして、建てた建物の一部を町に貸し出し、資金を回収することにしたのです。この取り組みは大成功し、予想を超える来客者数で駅前ににぎわいをつくっています。

いなかでの新しい働き方を実現したまち

徳島県の神山町。過疎化で空き家の古民家が増え、これを活用して移住者を呼び込もうと考えました。しかし、町にはこれといった産業がありません。仕事がなければ、移住してくる人もいません。そこで、仕事ごと町に移住してもらうという発想の転換をおこないました。町の古民家を貸し出すときに、「パン屋を開店できる人限定」「デザイナーさん限定」などとして募集したのです。

移住してきた人からさらなる縁がひろがり、東京のIT企業がサテライトオフィス（本社から離れた職場のこと）を開設することになりました。このことがテレビで報道されると大きな反響があり、現在12社のサテライトオフィスが神山町に開設されています。

オガール広場の青々とした芝生。

古民家を改修したIT企業のサテライトオフィス。

みんなで支える、まちの図書館

伊万里市 2
佐賀県

佐賀県
伊万里市

人口：約5万5000人

➡ 公民館の一室だけの、ちいさな図書館

　九州の北部にある佐賀県伊万里市は、人口5万5000人ほどの町で、古伊万里という焼き物や石炭産業、造船業が盛んな町です。伊万里市には、25年前まで図書館はなく、公民館の一室にちいさな図書室があるだけでした。蔵書数は2万冊。人口に対して充分な冊数とはいえませんでした。

➡ 本が読める環境で子育てしたい

　こうしたなか、家庭での読書をすすめる活動をしていたお母さんたちが、「もう少し充実した図書館がほしいね」と、図書館について考えるためのグループを立ち上げました。この考えに賛同する人たちはわずか

なあいだに150人まで増え、1986年に「図書館づくりをすすめる会」ができました。会では、九州各地の進んだサービスをおこなっている図書館に見学にいっ

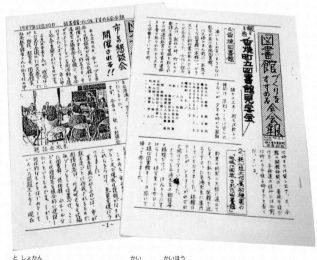

「図書館づくりをすすめる会」の会報。

たり、講師を招いて図書館のありかたについて勉強したり、市と図書館サービスについて意見交換をしながら、9年間にわたり活動をおこないました。

→ きっかけは市長選挙

「図書館づくりをすすめる会」の活動で、市民のあいだには「いつか図書館ができれば……」という想いがふくらんでいきました。その想いが形になるきっかけになったのが、1994年の伊万里市市長選挙でした。このとき、市長候補のひとりが図書館をつくることを公約（市長になったら実現する約束のこと）したのです。この候補者が当選し、いよいよ新しい図書館の設立にふみだしました。

→ みんなの意見を取り入れた図書館づくり

新しい図書館づくりを進めるとき、市と市民のあいだには共通の考えがありました。それは、「図書館で本を読んだ人は、その分だけ成長できる。つまり、図書館は人をつくる場所である」「町は、人によってつくられるので、図書館は町づくりのもとになる」という考えでした。そのため、市にすべておまかせして建物を建てたらおしまい……とはせず、「人づくり」の場としてふさわしい図書館になるよう、市民も一緒に考えながら図書館づくりが進められました。

みんなの意見から取り入れられたアイデア

- 外の光を取り入れた明るい図書館にしたいという要望をうけ、天窓がふんだんに設けられました。
- 朗読ボランティアグループの要望で、6人が入れる録音機器を備えた防音室ができました。

ボランティアがつくったタペストリーがかざられています。

- 書斎のようなスペースを求める声があり、広めの机と電気スタンドを備え付けた書斎空間ができました。
- 布作品の製作をおこなうボランティアグループの要望をうけ、コンセントの差込口がたくさんある作業スペースができました。納戸に作品や道具をしまうこともできます。

広い天井は外光をとりいれる窓がついています。

➡ 「わたしたちがつくった図書館」。開設を支えた市民

いよいよ建設がはじまりました。起工式（工事をはじめる前におこなう式典）には、200人以上の市民が集まりました。まだなにもない空き地にこれからできる図書館の姿を想像し、みんなが胸をおどらせました。

内装工事前の図書館を見学する「中間見学会」にもたくさんの人びとが参加し、まるで自分の家のように図書館の建設を見守りました。

開設準備にも市民の力が活かされました。200人もの人たちが、できたばかりの図書館のからっぽの棚に、大量の新しい本を並べる作業を手伝いました。

こうして、1995年7月7日に、新しい図書館「伊万里市民図書館」が誕生したのです。

➡ ボランティアと歩む図書館

図書館は建物ができて完成……というわけではありません。市民から必要とされる図書館に育てることが必要です。これまで図書館づくりのために活動していた「図書館づくりをすすめる会」は、こんどは図書館の運営を支え、市民の声を図書館にとどけるためのボランティア団体「図書館フレンズいまり」に生まれかわりました。

「図書館フレンズいまり」では、市民と図書館をつなぐために、さまざまな活動に取り組んでいます。図書館の館長と意見交換し市民からの要望を伝えたり、他市の図書館の見学にいって、一緒に研修を受け、図書館を守り、育てるための活動をおこなっています。ボランティア団体が積極的に活動することで、市民に風通しのよい図書館になっているのです。

新しい図書館に本を並べます。子どもからおとなまで手伝います。

中間見学会のようす。

市民と行政が図書館について話しあいます。

→ 図書館と市民がめざすもの

伊万里市民図書館の壁には、図書館について書かれた市の条例がかかげられています。

市の条例

伊万里市は、すべての市民の知的自由を確保し、文化的かつ民主的な地方自治の発展のため、自由で公平な資料と情報を提供する生涯学習の拠点として、伊万里市民図書館を設置する。

図書館は単に本を借りる場所ではなく、子どもからお年寄りまで図書館で学ぶことでみんなの人生を豊かにし、それがひいては、みんなで地域の困りごとを解決したり地域をよくしたりする自治のちからの源になる、という考えが、この条例には込められています。設立から20年以上たっても、この理想を実現するために、図書館と市民が一体になって取り組んでいます。

しらべてみよう

あなたのまちにはどんな図書館がありますか？「図書館設置条例」にはどんなことが書かれていますか？

「図書館フレンズいまり」が発行するニュースを掲載する掲示板や、ボランティアが作業する専用スペースも設けられ、図書館と一体となって活動していることがわかります。

人びとがそれぞれの時間を過ごせるように、あちこちに椅子が置かれています。本を通してみんなが豊かになれるように考えられた結果です。

まちづくりのポイント

● 市民グループが図書館について勉強し、図書館の設立や運営に力を発揮した。

● 市と市民が図書館の役割について同じ理想をもち、一歩進んだ図書館運営をおこなっている。

富山市 3 富山県

公共交通を活かしたまちづくり

公共交通がつかわれなくなり、存続のピンチ！
どうすれば公共交通を守れる？

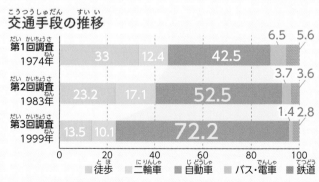

富山県

富山市

人口：約41万6000人

うすくひろく散らばるまち

富山市は全国でも最大級の面積をもつ広いまちです。東西60キロ、南北43キロの大きさで、富山県の3分の1は富山市が占めています。2005年、7つの市町村が合併したことで、現在の富山市になりました。そんな富山市は、車社会の進行とともに病院も商店も一カ所にかたまらずばらばらに散らばっていて、人口がうすく広く分布しています。そのため、生活するために車は必需品。富山県の世帯あたりでもっている車の台数は、福井県についで全国で2番目の多さです。

公共交通がピンチ！

車に乗る人が増えたことで、もともとあった電車やバスを使う人がどんどん少なくなりました。とくに路線バスの利用者は20年前と比べて約70%減少に。このまま電車やバスを利用する人が少なくなると、運行を維持することがむずかしくなってしまいます。車を運転できない人や学校に通学する高校生や大学生、お年寄りなどが出かけることができなくなってしまいます。いったいどうすればいいでしょう？

交通手段の推移

	徒歩	二輪車	自動車	バス・電車	鉄道
第1回調査 1974年	33	12.4	42.5	6.5	5.6
第2回調査 1983年	23.2	17.1	52.5	3.7	3.6
第3回調査 1999年	13.5	10.1	72.2	1.4	2.8

富山高岡広域都市圏第3回パーソントリップ調査より

→ 「くしとおだんご」のまちづくり

そこで富山市は、「くしとおだんご」のまちづくりに取り組むことにしました。「だんご」とは住宅や商店、会社などがあつまる地域のこと。そのおだんごどうしをつなげる「くし」が、電車やバスなどの公共交通です。電車やバスをたくさん走らせたり、乗り継ぎをよくし、これまで以上に「くし」を使いやすくします。そうすれば、ばらばらに点在していた住宅や商店、会社などが長い時間をかけてその周りに集まり、「だんご」になります。結果、車がなくても生活できるまちができあがるというわけです。

→ 使いやすい公共交通へ

具体的に、どんな取り組みをしているのでしょう。まず、電車での移動が便利になる工夫をしました。中心市街地の路面電車（ライトレール）を環状（円のかたち）にして、まちなかの移動を便利にしました。また、駅が遠い地域には新しい駅を設置しました。路面電車やバス停での待ち時間をすごしやすくするため、停留所に屋根やベンチを設置し、運行の本数も増やしました。駅のちかくに無料で駐められる駐車場をつくり、そこに車をとめて電車に乗り継げるようにしました（パークアンドライドといいます）。

これらの取り組みの結果、富山市全体の人口は減っていますが、中心市街地と公共交通沿線地域の人口は、増えてきています。

→ 公共交通のないところに
住む人たちのために

しかし、もともとある電車やバスだけでは、広い富山市のすべてに行き渡らせることはできず、市の人口の2%の人は、一番近い駅やバス停から750メートル

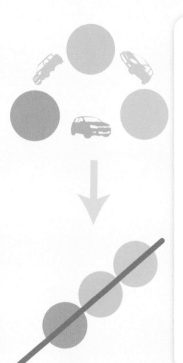

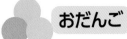
おだんご

住むところ、買い物をするところ、働くところなどがあつまっているところ

＋

くし

おだんごをつなげる電車やバスなどの乗り物

利用者を増やすため、だれでも使いやすい低い床になっているライトレール。車椅子でも乗り降りができます。

ライトレールの導入のため、市長は100回以上も住民説明会をひらきました。寄付でライトレールを支えてもらおうと、ベンチの上に寄付した人のメッセージいりのプレートを貼る取り組みもしています。

以上離れたところで暮らしています（こうした地域を富山市では、公共交通空白地域といいます）。こうした人たちの暮らしを守るために、コミュニティバスや乗り合いタクシーがあります。コミュニティバスとは、利用者が少なすぎてバス会社が参入できない地域に、自治体がお金をだして走らせるバスのことです。

➡ 住民の力によって
コミュニティバスを走らせる

　自分たちの生活する地域にバスを走らせたいと、自治体に頼らず住民がコミュニティバスを走らせている事例もあります。富山駅からあいの風とやま鉄道にのって1駅目にある「呉羽駅」。この駅を始発にして、「呉羽いきいきバス」が町中を巡っています。地域の活性化のためには、お年寄りでも利用しやすい地域のバスが必要です。地域の人たちはバスを走らせるように市に要望をしましたが、実現はむずかしいという返答でした。そこで、呉羽の商工会を中心にして、コ

ミュニティバスの運営会社をつくることが検討されました。

　まず、そのために必要なお金をどう準備するかが問題になりました。市の助成制度で、コミュニティバスの運行にかかわるお金の20分の9は補助してくれます。しかし、のこり20分の11はバスの運賃でまかなわなければなりません。

かんがえてみよう

あなたの町にはどんな公共交通があるかな？
どうすれば使いやすくなるかな？

呉羽いきいきバスのバス停。路線によってみどり色とオレンジ色に分けられます。

一律100円で、まちのすみずみまで乗ることができます。

→ 住民全員でバスの運営費を支える

「そんなに多くの運賃収入はのぞめない」――そこで、町内会を通して、各世帯から年400円の協力金をだしてもらうことになりました。バスに乗る人も、乗らない人も、地域の活性化のため、バスの運営に責任を負ってもらうことが大切だと考えたのです。商工会の会長が町内会に出向き、粘り強く説得しました。こうして運行費を確保することができたのです。

バスを走らせるルートやダイヤも、利用者の意見を聞いて、より使いやすいものに見直されています。利用者数も年々増加し、バスの運行が始まってから10年後には、62%も利用が増えています。無料乗車デーやお花見に行くイベントなども開催し、「私たちのバス」という気持ちが町の人たちに根付いていっています。

コミュニティバス運営会社を支えるしくみ

地元企業
協賛金・利用促進

地元住民
協力金・利用促進

コミュニティバスの運営会社
（有限会社まちづくり公社呉羽）
資本金：940万円
株主：地元自治振興会、企業

バスの運行
交通事業者
（富山地方鉄道）

支援
❶試行運行の実施
❷バス車両の無償貸与
❸運行費補助金

富山市

バスに親しみをもってもらうために、年数回、バスが無料になる日があります。

まちづくりのポイント

● 行政が主導してまちの将来のために公共交通を便利にした。

● 地域の商工会が主導して、まちの活性化のためコミュニティバスを運営した。

● 地域の人たちもお金をだしあい、公共交通の運営をささえた。

さくいん

■監修者プロフィール

岡田知弘（おかだ　ともひろ）

1954年、富山県生まれ。京都大学大学院経済学研究博士後期課程退学。京都大学名誉教授。現在、京都橘大学教授。自治体問題研究所理事長。著書に『「自治体消滅」論を超えて』（自治体研究社）など。

■文

本堂やよい（ほんどう　やよい）

八木　絹（やぎ　きぬ）

■企画・制作　　株式会社　かもがわ出版

■取材協力　（敬称略）馬路村農業協同組合、株式会社伊賀の里モクモク手づくりファーム、株式会社阿智昼神観光局、伊万里市民図書館、富山市役所

■絵　　古藤みちよ

■本文・装丁デザイン　　佐藤　匠（クリエイツかもがわ）

■写真協力　　朝日新聞社、馬路村農業協同組合、株式会社伊賀の里モクモク手づくりファーム、株式会社阿智昼神観光局、一般社団法人九州観光推進機構、由布市、富山市役所、PIXTA

しりたいな全国のまちづくり
3 地域経済とまちづくり

2020年3月1日　第1版第1刷発行　　　　　　　　　　　　　　　NDC360

監修者　　岡田　知弘

執筆者　　本堂　やよい・八木　絹

発行者　　竹村　正治

発行所　　株式会社 かもがわ出版
　　　　　〒602-8119　京都市上京区出水通堀川西入
　　　　　営業部：TEL 075-432-2868　　　FAX 075-432-2869
　　　　　編集部：TEL 075-432-2934　　　FAX 075-417-2114
　　　　　振替 01010-5-12436
　　　　　http://www.kamogawa.co.jp

印刷所　　株式会社 光陽メディア